Alphabet 'illustré'

petite ménagère

X 1967S
(95)

ALPHABET

DE

LA PETITE MÉNAGÈRE.

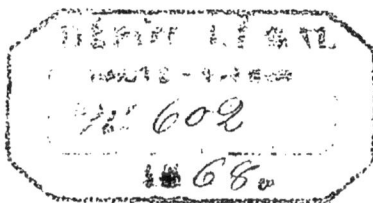

ALPHABET

ILLUSTRÉ

LA

PETITE MENAGÈRE

BARBOU Fres

ÉDITEURS

LIMOGES

LETTRES MAJUSCULES.

A B C

D E F

G H I J

K L  M

N O P

Q R S T

U V W

X Y Z

LETTRES MINUSCULES.

a   b   c   d   e

f   g   h   i   j

k   l   m   n   o

p   q   r   s   t

u   v   w   x   y   z

LETTRES MINUSCULES ITALIQUES.

a   b   c   d   e

f   g   h   i   j

k   l   m   n   o

p   q   r   s   t

u   v   w   x   y   z

A-ni-mal.

Bé-bé.

1..

Ca-ba-ne.

Da-me.

É-cer-ve-lé.

Fi-gu-re.

Gen-dar-me.

Ha-me-çon.

I-do-le.

Jou-jou.

Ka-ka-to-ès.

Li-las.

Ma-man.

Nau-fra-ge.

O-ran-ge.

Pa-pa.

Quê-te.

Ro-se.

Ser-pent.

TU-li-pe.

Voyage en Wagon.

SphinX.

Yo-le.

Zé-phir.

VOYELLES.

(Les voyelles sont des lettres qui
peuvent se prononcer sans le secours
d'aucun son.)

A E É È Ê

I O U Y

a e é è ê i o u y

CONSONNES.

(Les consonnes sont des lettres qui ne peuvent pas se prononcer sans être jointes à des voyelles.)

B C D F G H J
K L M N P Q R
S T V W X Z

b c d f g h j
k l m n p q r
s t v w x z

ACCENTS.

Il y a trois accents :

L'accent aigu, qui se met sur l'*e* fermé :

Ru-sé.

L'accent grave, qui se met sur l'*e* ouvert :

Mè-re.

L'accent circonflexe, qui se met sur les voyelles longues :

Pâ-tre Fé-te E-pî-tre Pô-le Flû-te.

B

(Faire lire d'abord aux enfants les syllabes les unes après les autres dans le sens vertical; ainsi : *ba, be, bi, bo, bu; si, sa,* etc.; et ensuite dans le sens horizontal; exemple : *Ba-si-lic, Be-sa ce.*)

Ba - si - lic

Be - sa - ce

Bi - no - cle

Bo - lé - ro

Bu - ra - lis - te

C

Ca - li - cot

Ce - ri - se

Ci - ta - din

Co - lo - nie

Cu - mu - ler

Ac-cé-der

Ec-clé-si-as-te

I-co-glan

Oc-cu-pé

D

Da - li - la

Dé - bi - ter

Di - plô - me

Do - mi - no

Du - re - té

Ad-mi-ra-ble

E-dre-don

I-do-le

O-do-rat

F

Fa - mi - ne
Fe - nai - son
Fi - ne - ment
Fo - lâ - tre
Fu - ti - le

Af-fec-té
Ef-fron-té
If
Of-fen-ser

G

Ga - lè - re

Gé - né - reux

Gi - ber - ne

Go - be - lins

Gut - tu - ral

Ag-gra-ver

E-gli-se

I-gno-rant

O-gi-ve

H

Ha - bi - le

Hé - bé - ter

Hi - dal - go

Ho - no - ra - ble

Hu - ma - ni - té

A-hu-rir

E-hou-per

Uh-lan

Yacht

2.

J

Ja - ve - lot

Je - ton

Jo - cris - se

Ju - ge - ment

A-jou-ter

K

Ka - mi - chi

Ker - mes - se

Ki - lo - mè - tre

U-ka-se

L

La - bou - rer

Lé - gu - me

Li - bé - ral

Lo - ca - tai - re

Lu - mi - neux

Al-lu-mer

El-liptique

Il-lé-gal

Ul-té-rieur.

M

Ma - man

Mé - ri - te

Mi - nu - te

Mo - ra - le

Mu - tis - me

Am-mo-nia-que

E-mi-nent

Im-mor-tel

O-mis-sion

N

Na - tu - rel

Né - ga - tif

Ni - ve - ler

No - bles - se

Nu - mé - ro

An-na-les

En-ne-mi

In-no-cent

U-ni-for-me

P

Pa - pa

Pé - ni - tent

Pi - co - rer

Po - lo - nais

Pu - pî - tre

Ap-pé-tit

É-pi-ne

Op-po-ser

Y-pré-au

Q

Qua - dru - pè - de

Que - rel - le

Quil - le

Quo - li bet

Quin - con - ce

Quin-qui-na

Quin-te

Quin-ze

É-qui-li-bre

R

Ra - va - ger
Re - mi - se
Ri - gi - de
Ro - bi - net
Ru - mi - ner

Ar-ran-ger
Er-ro-né
Ir-ri-té
O-ran-ge

3

S

Sa - ge - ment

Sé - vè - re

Si - len - ce

So - li - de

Su - bli - me

As-su-rer

Es-to-ca-de

Is-ra-é-li-te

Os-se-let

T

Ta - ci - te

Té - na - ci - té

Ti - mi - de

To - lé - rer

Tu - mul - te

At-ta-cher

É-tu-de

I-ta-li-que

Ot-to-ma-ne

3.

V

Va - can - ce

Vé - gé - tal

Vi - cai - re

Vo - ca - tif

Vul - gai - re

A-vo-cat

E-vi-ter

I-voi-re

O-va-le

X

Xa - vi - er

A - xon - ge

Ex - trê - me

O - xi - der

Y

Ya - ta - gan

Yè - ble

Yo - le

Yuc - ca

Z

Za - gaie

Zé - la - teur

Zi - be - li - ne

Zo - di - a - que

Zo - o - lo - gie

A - zu - ré

CONSONNES COMPOSEES.

Bl *bla* son

Br *bri* ser

Ch *che* val

Cl *clo* che

Cr *cru* el

Dr *dry* a de

Fl *fla* con

Fr *fre* lon

Gl	*gl*is	ser	
Gn	*gn*o	me	
Gr	*gr*u	ger	
Ph	*ph*y	si	que
Pl	*pl*a	cet	
Pr	*pr*é	cis	
Rh	*rh*u	bar	be
Sc	*sc*i	en	ce
Sl	*sl*a	ve	

3.

Sp   *spo* li er

St   *sty* let

Th   *thé* â tre

Tr   *tri* bu nal

Chr   *chré* tien

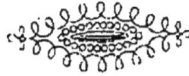

VOYELLES COMPOSEES.

An *an* se

Am *am* ple

En *en* clos

Em *em* plir

In *in* fi ni

Im *im* po li

Ain ai *rain*

Aim *faim*

Ein *frein*

Ym th*ym*

On *on* gle

Om *om* bre

Un cha *cun*

Um par *fum*

Ou *ou* til

Ai *ai* mer

Eai *geai*

Ey   *dey*

Ei   *pei* ne

Au   *au* teur

Eau   ca   *deau*

Eu   *jeu*

Œuf *bœuf*

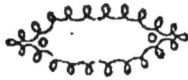

DIPHTONGUES.

[On appelle *diphtongue* deux voyelles réunies dans une même syllabe, et faisant entendre deux sons distincts.]

Ia	p*ia* no
Ié	t*ié* deur
Iè	lu m*iè* re
Io	p*io* che
Ieu	p*ieu*

Iou	ch*iou*r me
Ian	v*ian* de
Ien	b*ien*
Ion	l*ion*
Oi	f*oi*
Eoi	bour g*eois*
Oin	l*oin*
Ouin	ba b*ouin*
Oua	r*oua* ge

Oué *roué*

Ouen *Rouen*

Oui *louis*

Ua *rua* de

Ui ap *pui*

Uin *juin*

LETTRES DOUBLES.

[Les deux lettres pareilles, placées
à côté l'une de l'autre, se prononcent
comme une seule lettre ; ainsi *abbé*
se prononce comme si l'on écrivait :
a bé.]

cc comme *c* a *cc*ord

ff *f* a *ff*i che

gg *g* a *gg*ra ver

ll *l* a *ll*er

mm *m* co *mm*is

nn _{comme} *n*   co *nn*aître

pp   *p*   a *pp*é tit

rr   *r*   a *rr*êt

ss   *s*   e *ss*ai

tt   *t*   a *tt*a cher

LETTRES NULLES.

[Les lettres muettes ne se prononcent pas.]

a S*a*ône   e f*r*ein

o La*o*n   d bon*d*

g coin*g*   h *h*umain

l fi*l*s   ps tem*ps*

t tou*t*   x yeu*x*

z ne*z*

CHIFFRES ARABES.

1	2	3	4	5
un	deux	trois	quatre	cinq

6	7	8	9	0
six	sept	huit	neuf	zéro

CHIFFRES ROMAINS.

I	II	III	IV	V
1	2	3	4	5

VI	VII	VIII	IX	X
6	7	8	9	10

LECTURES COURANTES

An-na.

La pe-ti-te An-na
est, à six ans, la joie

de sa ma-man. El-le
fait le mé - na - ge
a-vec sa mère, el-le
range par-tout pour
la con-ten-ter; l'or-
dre rè-gne dans la
mai-son grâ-ce à
cet-te bon-ne pe-ti-
te fil-le. Sa ma-man
est u-ne mè-re très-
heu-reu-se.

Bon - jour

Bon-jour, pe-ti-
te mè-re, dit An-na
en s'é - veil - lant.

En-sui-te el-le s'ha-
bil-le tou-te seu-le
pen-dant que la ma-
man fait du feu pour
pré-pa-rer le dé-
jeu-ner; et, a-près
a-voir fait sa pri-è-
re, An-na de-man-
de à sa ma-man si
el-le a de l'ou-vra-
ge à lui don-ner.

Cours vi-te.

Cours vi-te, dit la ma-man , deman-der à la lai-tiè-re

4

qui est sous la por-
te co-chè-re d'em-
plir de lait cette
boîte; tu au-ras du
ca-fé au lait pour
ton dé-jeu-ner. An-
na, qui ai-me le ca-
fé au lait et qui veut
con-ten-ter sa mè-
re, tra-ver-se la
cour en un ins-tant.

Donnez-moi du lait

La lai-tiè-re est
en-tou-rée de huit
à dix com-mè-res,

et el-le ne voit pas
An-na. La pe-ti-te
fil-le, qui craint que
sa ma-man ne s'im-
pa-ti-en-te, lui dit :
Don - nez - moi du
lait, s'il vous plaît,
Ma-da-me. La lai-
tiè-re s'em-pres-se
de servir u-ne en-
fant si po-lie.

Es-suie les tas-ses.

La ma-man fait
es-su-yer les tas-ses
par An-na, et, le lait

4.

é-tant chaud, tou-
tes deux dé-jeu-
nent de bon ap-pé-
tit. En-sui-te la pe-
ti-te fil-le se hâte
de fai-re le mé-na-
ge, car dans u-ne
pe-ti-te cour sont
des pou-lets et des
la-pins à qui il faut
don-ner à man-ger.

Fol-let-te.

La ma-man est
al-lée dans sa cham-
bre, au-près de son

pe-tit E-mi-le qui a deux ans. An - na met un ta-bli-er de toi-le; el-le ba-la-ye la sal-le et met tout en or-dre. Sa bel-le pou-le en-tre et man-ge les miet-tes de pain. Bon-jour, Fol-let-te, tu es bien jo-lie ce ma-tin.

Grand pa-pa.

Quel est ce bon vieil-lard? C'est le
grand pa pa d'An-na. Il peut à pei-ne
mar-cher et sa can-ne lui est très-

né ces-sai re pour le sou-te nir. Mais sa pe-ti-te fil-le s'ap-pro-che de lui, il s'ap-puie sur son é-pau le pour al-ler dans la cham bre où est la ma-man d'An-na. Cel-le ci, a près a-voir fait as seoir le bon pa-pa vient re-pren dre son tra-vail.

Hu-ma-ni-té.

A pei-ne An-na est-elle re-ve nue dans la sal-le qu'un pau vre frap-pe à la por te. Com-me il a l'air fa-ti gué !

An na le fait as seoir, et, avec la per-
mis sion de sa ma man, el-le lui don-ne
un mor ceau de pain et un verre de
vin.

In-va-li-de.

Le pau vre re con-nais sant ra con-
te son his toi re à An na. C'est un
an-cien sol-dat , un bou-let lui a em-

por té u ne jam be, et, com me il est in-va-li de, il ne peut plus tra-vail ler.

Il s'a-ni-me tant en ra con-tant ses ba-tail les qu'on croi-rait y, as sis-ter.

Jo-lie Fol-let-te.

Quand l'in-va-li-de est par-ti et que
le mé-na-ge est en or-dre, An-na pen-
se à ses pe tits pen-sion-nai-res, el le

5.

va cher cher du grain et le met dans son ta bli-er pour le por-ter aux poules qui sont dans la cour. Fol let te vient la pre miè-re lui de-man der à man ger. C'est la plus jo-lie de toutes.

Ki-lo.

Mais l'heu-re du se-cond dé-jeû-ner est ar-ri-vée. La ma-man en-voie An-na a-che-ter un ki-lo de su-cre chez l'é-pi-cier, car il n'y a plus de suc-re pour le ca-fé noir du bon pa-pa. L'é-pi-cier vo-yant qu'An-na ne sait pas ce que c'est qu'un ki-lo lui mon-tre un poids de cui-vre et lui dit que c'est un ki-lo, ou deux li-vres ou mil-le gram-mes.

La-pins.

Main-te-nant c'est le tour des la-
pins. Il faut leur don-ner à man-ger.
Com-me ils sont vifs et jo-lis! Mais ils

sont aus-si très-crain-tifs et, quoi-qu'ils man-gent de l'her-be dans la main d'An-na, ils se sau-vent dès qu'el-le es-sa-ye de les sai-sir. En voi-ci pour-tant un tout blanc qui paraît moins sau-va-ge que les au-tres; c'est le fa-vo-ri de la pe-ti-te mé-na-gè-re.

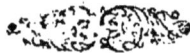

Mar-mot.

En ren-trant dans la sal-le pour se

met-tre à cou dre com me el-le le fait

cha-que jour, An-na a-per-çoit un

5..

mar-mot gra-ve-ment as-sis par ter-re.

C'est E-mi-le, son pe-tit frè-re, qui joue a-vec des cail-loux et qui es-sa-ye de mar-cher sans pou-voir y par-venir, par-ce-que, com-me il est très-gros et très-lourd, il re-tom-be tou-jours as-sis.

Na-po-li-tain.

An-na s'as-sied tran-quil-le-ment

près de la fe-nê-tre et rac-com-mo-de

le lin-ge de la mai-son. Mais el-le est

dis-trai-te par des cris pous-sés dans la rue. C'est un pe-tit mu-si-cien na-po-li-tain, que de mé-chants en-fants pour-sui-vent en criant, par-ce-que le pau-vre pe-tit est mal vê-tu. An-na, qui a bon cœur, plaint le pe-tit Na-po-li-tain.

Oi-seaux.

La pe-ti te mé-na-gè re a-yant fi-ni

sa tâ-che, sa ma-man l'em-mè-ne au

mar-ché pour l'ai-der à rap-por ter

les pro-vi-sions qu'el-le achète. An-
na est en ad-mi-ra-tion de-vant u-ne
vo-liè re plei-ne d'oi-seaux. El-le
ne s'a-per-çoit pas que le pa-nier
qui est à son bras est très - lourd.

Pa-pa.

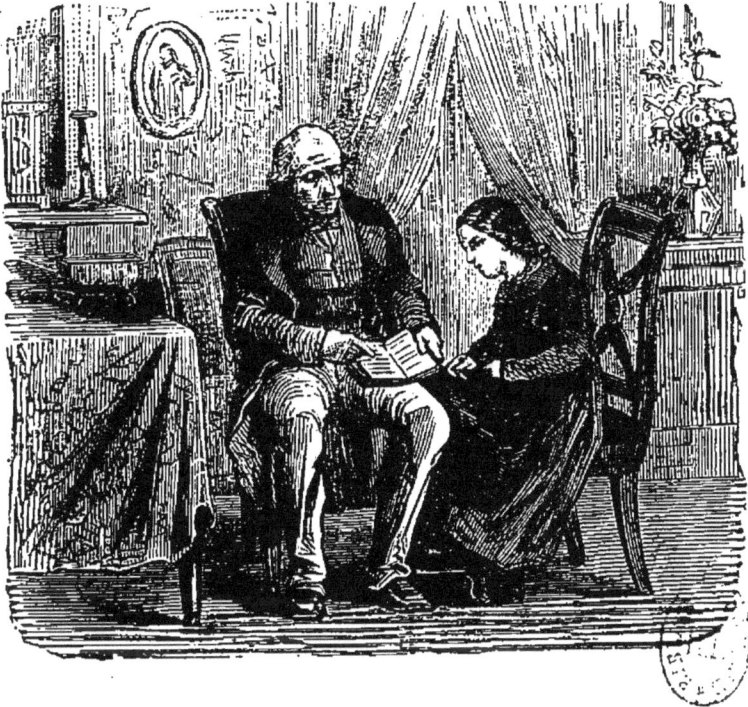

En ar ri-vant à la mai-son, An-na

ren con-tre son papa qui lui dit de

se pré-pa-rer à pren-dre une le-çon

de lec-tu-re. La pe ti-te fil-le, tou-
jours o-bé-is san-te, court cher-cher
son al-pha bet et vient s'as-seoir
sur u-ne chai-se à cô-té de son pè-
re. El-le com-men-ce à li-re cou-ram-
ment, et son pa-pa l'em-bras-se pour
la ré-com-pen-ser de son ap-pli-ca-
tion.

Qua-dru-pè-de.

An-na, a-près a-voir pris sa le-çon,
se met à plu-mer un pou let pour le
dî-ner. El-le fait ri-re son pa-pa en

di-sant que le pou-let est un qua-dru-
pè-de. Son pa-pa lui ap-prend qu'on
ap pel-le seu-le-ment qua-dru-pè-des
les a-ni-maux qui ont qua-tre pieds.

Rô-ti.

Voi·là main-te-nant l'ex-cel-len-te
pe ti-te fem-me de mé-na-ge oc-cu-
pée a soi-gner le pou-let que sa ma-

man a mis à la bro-che. Il faut voir com-me el-le s'a van-ce gra-ve-ment pour s'as su-rer qu'il ne brû-le pas. Pour ne pas sa-lir sa ro-be, An-na a re-pris son grand ta-bli-er de cui-si-ne. El-le ai-me beau-coup ce ta-bli-er, car el-le trou-ve qu'il la fait res-sem-bler à sa ma-man.

Sa-von-na-ge.

Sou-vent An-na, pour ai-der sa ma-
man, sa-von-ne les pe-tits vê-te-ments
de son frè-re. Les jours où el-le

fait ce tra-vail sont pour el-le des jours de fê-te. An-na n'est ja-mais plus heu-reu-se que lors-qu'el-le est dans la cour, de-vant un ba-quet plein d'eau de sa-von, avec ses man-ches re-le-vé-es jus qu'au cou de et qu'el-le frot-te de tou-tes ses for-ces le lin-ge du bé-bé.

Toi-let-te.

Mais le di-man-che est le jour
du re-pos, et la bon-ne pe-ti-te fil-le,
qui a cou-ra-geu-se-ment tra-vail-lé

tou-te la se-mai- ne, met, le di-man-che,

sa plus bel-le ro-be pour al-ler à la

mes-se en gran-de toi-let-te. C'est

a-lors qu'el-le est fiè-re a-vec ses che-

veux bou-clés et ses ru-bans ro-ses.

El-le a pour-tant bien plus de rai-sons

d'ê-tre fiè-re en pen-sant qu'el-le a

é-té la-bo-rieu-se.

Utile vigilance.

An-na pen-se à tout, ne né-gli-ge
rien ; el-le a sau-vé plu-si-eurs fois
la vie à son pe-tit frè-re qui se pen-

6

chait à la fe-nê-tre, ou qui sans el-le se-rait tom-bé dans le feu; el-le est pour E-mi-le u-ne vé-ri-ta-ble pe-ti-te mè-re.

Yeux.

Quand le soir ar-ri ve, a-près u-ne
jour-née si bien rem plie, An-na sou-
hai-te le bon-soir à ses pa-rents, puis

a-vant de se cou-cher el-le se met à ge-noux, joint les mains, et le-vant les yeux au ciel, la de-meu-re du bon Dieu, el-le a-dres-se au Sei-gneur u-ne priè-re fer-ven-te.

Zè-le.

Tout le mon-de ai me la pe-ti-te
An-na , et pour ré-com-pen-ser le
zè-le a-vec le-quel el-le rem-plit ses

6.

de-voirs , cha-cun s'em-pres-se de lui
fai-re plai-sir ; ses grands pa-rents,
ses on-cles , ses tan-tes, les a-mis de
sa fa-mil-le la com-blent de ca-res-ses
et de présents, mais rien ne vaut pour
el-le un mot d'ap-pro-ba-tion de son
pè-re ou un bai-ser de sa mè-re.

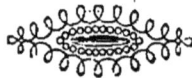

AUX PETITES FILLES

LE MOYEN DE NE JAMAIS S'ENNUYER

EN TRAVAILLANT

Est de s'intéresser à son ouvrage, de le prendre, non pas avec le désir de le quitter bientôt, mais avec la volonté de le finir vite et bien. Ne pas regarder sans cesse combien on a déjà travaillé ou combien on a encore d'ouvrage à faire, mais songer à la satisfaction qu'éprouvera la maman en voyant que sa petite fille s'est efforcée de lui faire plaisir. En agissant ainsi on

prend goût au travail , et loin de
s'ennuyer, loin de regarder à cha-
que instant la pendule pour savoir
s'il est temps de quitter l'ouvrage,
on est tout étonné quand l'heure de la
récréation arrive, et l'on s'écrie : Com-
ment, déjà ! je croyais n'avoir travaillé
que quelques minutes !

EN JOUANT

Car on s'ennuie quelquefois en jouant,
et les enfants qui n'aiment pas à tra-
vailler sont aussi ceux qui n'aiment pas à
jouer, ou plutôt qui ne savent pas jouer.
La première condition pour bien jouer
c'est d'avoir bien travaillé. C'est, en-

suite, de ne désobéir, en jouant, ni à
ses parents, ni à ses maîtres; car,
pour bien s'amuser, il ne faut pas avoir
à craindre les reproches; une cons-
cience inquiète empoisonne tous les
jeux. Il faut enfin être douce et com-
plaisante avec ses compagnes : on dou-
ble son propre plaisir en s'occupant du
leur. En un mot, pour bien jouer, il
faut être content de soi, et un enfant
ne saurait être content de lui, s'il a
mécontenté Dieu, ses parents, ses maîtres ou ses camarades.

PRIÈRES

——•◦✖◦•——

ORAISON DOMINICALE.

Notre Père, qui êtes aux cieux, que votre nom soit sanctifié, que votre règne arrive, que votre volonté soit faite en la terre comme au ciel; donnez-nous aujourd'hui notre pain de chaque jour, pardonnez-nous nos offenses comme nous les pardonnons à ceux qui nous ont offensés; ne nous laissez pas succomber à la tentation, mais délivrez-nous du mal. Ainsi soit-il.

SALUTATION ANGÉLIQUE.

Je vous salue, Marie, pleine de grâce, le Seigneur est avec vous. Vous

êtes bénie entre toutes les femmes,
et Jésus, le fruit de vos entrailles, est
béni.

Sainte Marie, mère de Dieu, priez
pour nous, pauvres pécheurs, mainte-
nant et à l'heure de notre mort. Ainsi
soit-il.

ACTE DE FOI.

Mon Dieu, je crois fermement tout
ce que vous avez dit et tout ce que
vous nous enseignez par votre sainte
Eglise, parce que vous êtes souverai-
nement véritable dans vos paroles.

ACTE D'ESPÉRANCE.

Mon Dieu, j'espère fermement de
votre miséricorde infinie et de votre
fidélité dans vos promesses que, par

les mérites de Jésus-Christ , mon Sauveur, vous m'accorderez la gloire du ciel et les moyens nécessaires pour y parvenir.

ACTE DE CHARITÉ.

Mon Dieu, je vous aime de tout mon cœur et par-dessus toutes choses, parce que vous êtes infiniment bon et infiniment aimable : j'aime aussi mon prochain comme moi-même pour l'amour de vous.

FIN.

Limoges. — Imprimerie de Barbou frères.

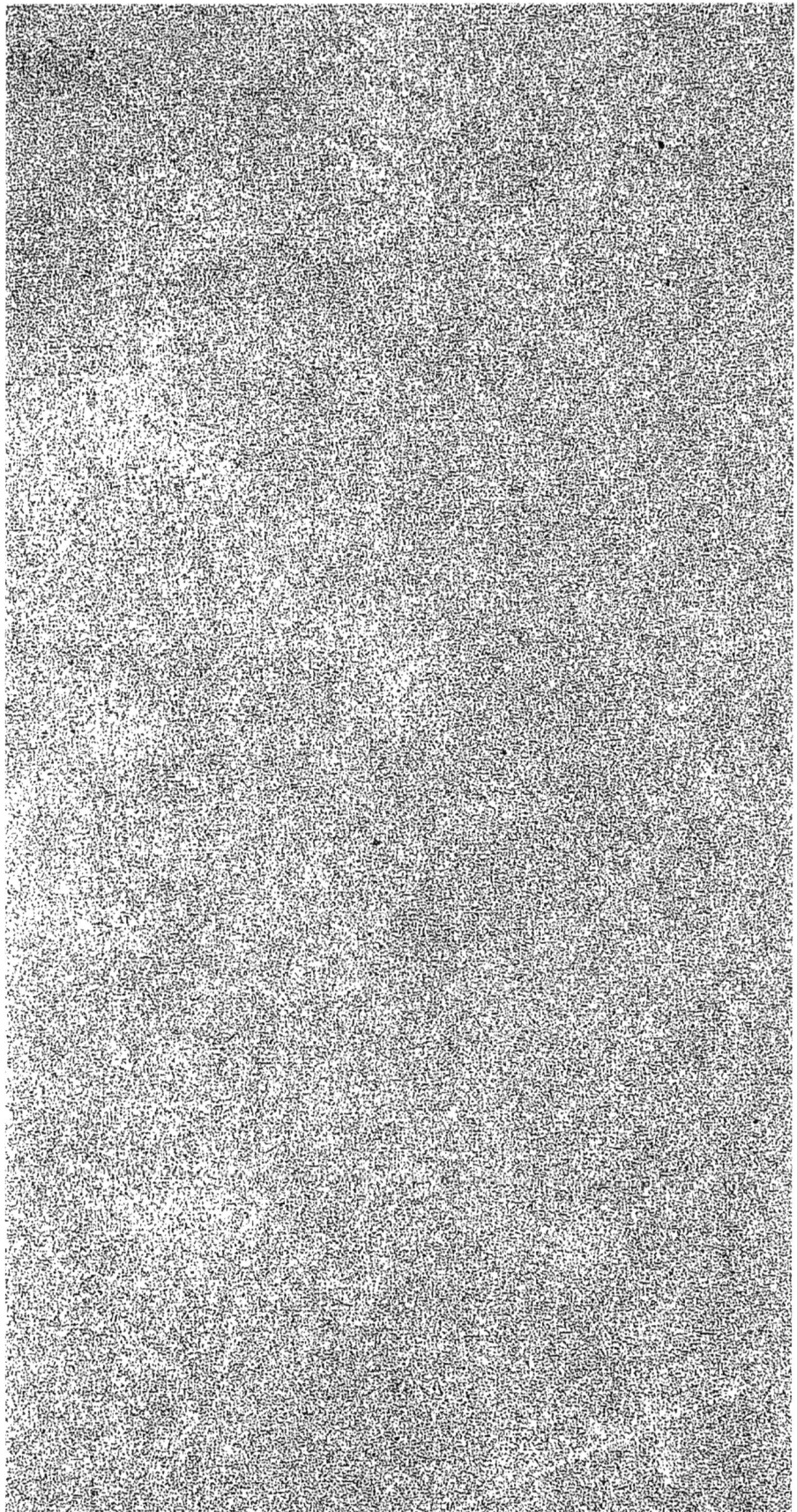

www.ingramcontent.com/pod-product-compliance
Lightning Source LLC
Chambersburg PA
CBHW060617100426
42744CB00008B/1425